P.35 紙刺しゅうで作る カード＆オーナメント

トピアリーのバレンタインカード

① もようつき折り紙（またはトレーシングペーパー）
② 色画用紙（うすいピンク）
③ もようつき折り紙（またはトレーシングペーパー）
④ クラフト紙にマスキングテープを貼る

カードに①～④の順に下から重ね、テープで固定してから、目打ちで穴を開ける。

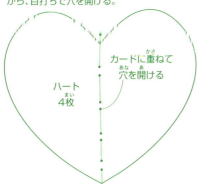

トナカイのオーナメント

実物大型紙
100%（原寸）でコピーし、一番外側の太い線で切る。

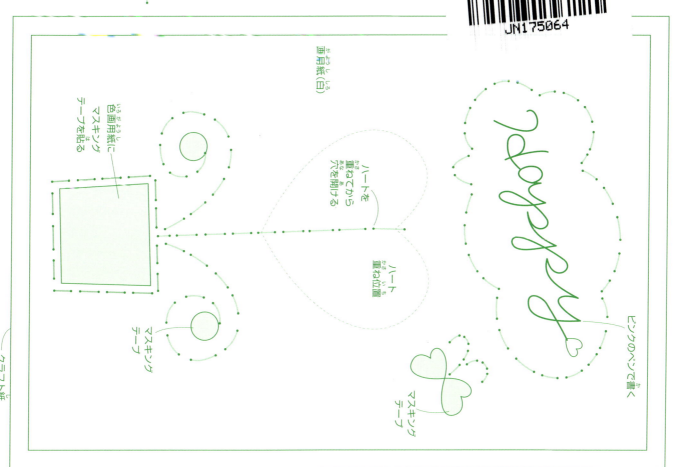

手から生まれるかわいいもの…

この本は、折り紙などの工作でよく使う技から、布や毛糸を使った手芸の技まで、いろいろな作り方がのっています。紙やモール、フェルトなどのみぢかな素材で、季節に合わせた手作りにチャレンジしてみてね。ミシンなしで、かわいいものがいっぱい作れるよ！

ミシンなしでかんたん！

季節の手芸 冬

C·R·K design

クリスマスやお正月、節分、バレンタイン。
イベントに合わせてカードや飾りを手作りしよう！

理論社

もくじ contents

HANDICRAFTS IDEA BOOK FOR KIDS

初級 切る+貼るで作るもの

1 モールで作る
木の実のトントゥ（妖精）
…4…

2 ペーパー芯で作る
オニのでんでんだいこ
…8…

3 ボタンで作る
クリスマスカード
…12…

中級 切る+貼る+道具で作るもの

4 ねんどスイーツで作る
カップケーキのピンクッション
…16…

5 ポンポンで作る
干支の正月飾り
…20…

6 ちりめんで作る
つまみ細工の髪飾り
…24…

まずは、切ったり貼ったりするだけの「初級」に挑戦してみよう。なれてきたら道具を使う「中級」、そして最後に針を使って「ぬう」技などが入った「上級」にチャレンジして！

ミシンなしでかんたん！
季節の手芸 冬

上級 切る+貼る+ぬう・編むで作るもの

7

ビーズ編みで作る
カラフルアクセサリー
…28…

8

紙刺しゅうで作る
カード＆オーナメント
…35…

9

フェルトで作る
クリスマスオーナメント
…42…

パターン（型紙）　手ぬいのきほん…巻末

冬の暮らしを楽しもう！

楽しいクリスマスが終わったら、まもなくお正月。冬は一年の中でも大きな行事が多い季節です。手作りの飾りを準備したりオリジナルのカードを送ったりして、楽しい冬を過ごしてね！

12月 師走
「師走」は、12月はあちこちの家で師（僧侶）を迎え、走り回るほど忙しくなるという説のほか、さまざまな由来が伝わります。年末には家をきれいにし、新年を迎える準備をします。

1月 睦月
「睦月」は、新年に人が集まって仲睦まじくする（仲良くする）月、または、1年の始まりという意味があるなどといわれます。お正月には門松や鏡もちをお供えして年神様を迎えます。

2月 如月
「如月」は、寒くて衣（服）をさらに重ねて着るという「衣更着」に由来するとの説があります。気温の低い時季ですが、節分を過ぎると、次の日は立春。こよみの上では春を迎えます。

1 初級 切る+貼るで作るもの Handicrafts

モールで作る 木の実のトントゥ（妖精）

冬の初め。森や公園で、松ぼっくりやどんぐりをいっぱい集めてみよう。
カラフルなモールを組み合わせたら、かわいいトントゥとトナカイができたよ！

● トントゥとは

北欧では、森の中などに帽子をかぶった小さな妖精がいるとされ、フィンランドで「トントゥ」と呼ばれています。クリスマスにサンタのお手伝いをするトントゥがいるそうです。

design：Kumiko Suzuki

用意するもの

★どんぐりや松ぼっくりは天然素材。少しずつ大きさがちがうので、必要なモールの長さが変わってくるよ。多めに用意してね！

どんぐり帽子
モール（長さ27cm）
赤2本　白　茶　シルバー

松ぼっくり 直径約2.5cm 1個

はさみ

どんぐりケーキ
モール（長さ27cm）
シルバー　おうど色

ウッドビーズ 直径20mm 白1個

どんぐり 直径約1× 長さ2.5cm 1個

手芸用ボンド

じょうぎ

季節のマメ知識

松ぼっくりとどんぐり

カシやナラなど、日本にはどんぐりが実る木が何種類かあり、秋にはどんぐりを拾うことができます。どんぐりや松ぼっくりなどの木の実は、クリスマスリースやツリーの飾りなど、冬の手芸・工作に使われる、定番の材料です。

Start!

どんぐりケーキの作り方

トントゥたちのおやつをイメージしたチャームだよ

❶ 15cmのモール（おうど色）をどんぐりの上にまきつけ、先が少し細くなるように、指先で形を整える。

❷ どんぐりの上部にボンドをつけて、①のモールをかぶせて貼る。先端には、シルバーのモールを丸めて貼る。

できあがり

マテバシイのドングリ・ドングリ：e-umi・yanmo / PIXTA

Start! 松ぼっくりトントゥの作り方

1 材料を用意する

各パーツに使うモールを切っておく。
★松ぼっくりの大きさによって、バランスのよい手・足の長さが変わってくるので、表示の長さよりも少し長めに切っておこう。

手・足の長さは組み立てるときに調整してね！

ポンポン シルバー 2.5cm
帽子 赤 16cm
頭 ウッドビーズ
帽子ふち シルバー 8cm
手 赤 3cm
手 赤 3cm
胴 松ぼっくり
マフラー 白 8cm / 赤 8cm
足 茶 4cm
足 茶 4cm

2 頭と胴を貼り合わせる

松ぼっくりの頭の中心にボンドを多めにつけ、ウッドビーズを貼る。
★ビーズの穴が上下にくるように貼る。

★完全に乾かしてね！

3 帽子をかぶせる

① 帽子用のモールを指先に2〜3回まいて輪を作る（これが帽子のかぶり口になる）。

② 輪を小さくしながら、三角帽子になるように、円すい状にまいていく。

③ ウッドビーズの穴のまわりにボンドをつけ、帽子をかぶせる。

④ シルバーのモールをかぶり口にまき、2〜3回ねじってしっかりとめる。

4 マフラーをまく

① 赤と白のモール2本（各8cm）をねじり合わせる。

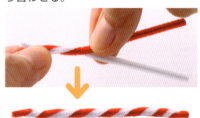

★きつくねじらないでね！

② 松ぼっくりとウッドビーズのさかい目にまきつけ、2〜3回ねじる。

5 細かいパーツをつける

❶ 足用の茶のモールを半分に折り、折り目から5mmのところをつまんで、端までねじり合わせる。

❷ 手の赤のモールも、同じようにねじり合わせておく。

❸ 手と足の端にボンドをつけ、松ぼっくりに差しこんで貼る。

❹ ポンポン用のシルバーのモールの端を丸めてポンポンを作る。反対側の端にボンドをつけ、帽子の先端に差しこむ。

ちょっとアレンジ ひと工夫
トントゥのなかよし 松ぼっくりトナカイ

ちょっと細長い松ぼっくりをさがしてね！

用意するもの
- モール 茶・赤・シルバー各1本、こげ茶2本
- 丸大ビーズ 黒2個
- 松ぼっくり 直径2.5×長さ5cm

※その他の材料・用具はトントゥと同じ

帽子
トントゥの帽子を参考に、シルバー(12cm)と赤(2.5cm)のモールで帽子を作り、頭に貼る。

足 ※各2本作る
こげ茶のモール(前8cm・後ろ7cm)を半分に折り、折り目をつまんで、ゆるくねじる

松ぼっくりのすき間にボンドをつけ、モールの端を差しこんで乾かす。

1cm折る

ツノ ※2本作る
茶のモール5cmの中央に4cmをまきつける

丸みをつける
切る
1cm

形を整え、ボンドをつけて、松ぼっくりに差しこむ

目 丸大ビーズ(黒)をボンドでつける

鼻 赤いモール(1.5cm)をうずまき状に丸め、松ぼっくりの先端に貼る

できあがり

松ぼっくりの先をちょっと切ると立てやすいよ！

●北欧のクリスマス
北欧では1年のうち一番日が短くなる冬至の日にごちそうを食べてお祝いする習慣があり、ユール(冬至祭)とよばれていました。それがキリスト教と結びついてクリスマスになったそうです。

Seasonal handicraft for Kids

ペーパー芯で作る オニのでんでんだいこ

日本に古くから伝わるがん具「でんでんだいこ」の形をまねて、トイレットペーパーの芯で、カミナリトリオを作ってみよう！

切る＋貼るで作るもの
2 初級
Handicrafts

季節のマメ知識

節分

季節を分けるという意味があり、一般的に立春の前日をさします。季節の変わり目は邪気が生じるとされ、豆まきをして鬼を追い払います。

Seasonal handicrafts for Kids　　　design：Takako Koizumi

用意するもの

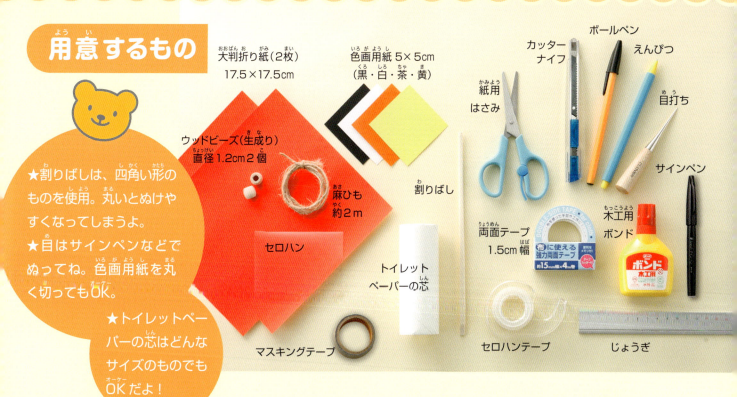

- 大判折り紙(2枚) 17.5×17.5cm
- 色画用紙 5×5cm (黒・白・茶・黄)
- ウッドビーズ(生成り) 直径1.2cm 2個
- 麻ひも 約2m
- セロハン
- 割りばし
- トイレットペーパーの芯
- マスキングテープ
- 両面テープ 1.5cm幅
- セロハンテープ
- 紙用はさみ
- カッターナイフ
- ボールペン
- えんぴつ
- 目打ち
- サインペン
- 木工用ボンド
- じょうぎ

★割りばしは、四角い形のものを使用。丸いとぬけやすくなってしまうよ。
★目はサインペンなどでぬってね。色画用紙を丸く切ってもOK。
★トイレットペーパーの芯はどんなサイズのものでもOKだよ!

Start! 赤オニだいこの作り方

1 トイレットペーパーの芯に紙を貼る

❶ ウラにした折り紙の上で、トイレットペーパーの芯をころがし、2～3か所に印をつける。じょうぎで印をつないで線を引く。

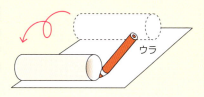

❷ ❶の線を切り、短い2辺に両面テープを貼り、芯に貼る。
★これが本体になる。

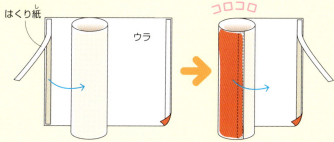

2 本体に麻ひもをまきつける

❶ 本体の下から2.5cmのところに、ぐるりと1周両面テープを貼る。まき始めと終わりを、折り紙のまき終わりにそろえる。

せなか中央(まき終わり) 1.5cm 2.5cm

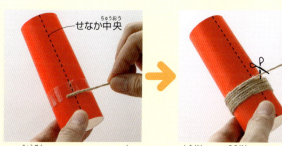

せなか中央

❷ 両面テープのはくり紙をはがし、下端から上端までまいて貼っていく。
★まき始めと終わりが、せなか中央になるようにする。
★ひも端にボンドをつけてかためる。

3 麻ひもを三つ編みして通し、手を作る

❶ 30cmの麻ひも3本をそろえて端を結び、平らなところにテープでとめる。

❷ 三つ編みを約20cm編む。

❸ 残りのひもにセロハンテープをまいて固め、端をななめに切る。

❹ ウッドビーズ1個を通し、三つ編みの端までもってくる。

ケガをしないよう注意！

❺ 本体の右側と左側に目打ちを刺し、三つ編みひもの通し穴を開ける。
★穴の直径を3〜4mmにすると、ひもが通りやすいよ！

❻ 三つ編みひもをテープで固めた方から穴に通してわたし、ビーズ1個を通す。

❼ テープで固めた部分を切り落とし、ひもの端をひと結びして、手の完成。

4 せなかに切りこみを入れ、割りばしを通す

❶ せなか中央に、カッターで2か所、1.5cm幅の切りこみを入れる。
★カッターで手を切らないように注意してね！

❷ 切りこみに割りばしを差しこみ、本体内側にテープを貼ってしっかり固定する。

5 麻ひもをほぐして、前髪をつける

❶ 20cmの長さに切った麻ひもをほぐして、3本に分ける。

❷ 本体の前側のおでこ部分に、ボンドをたっぷりつける。ほぐした麻ひものうち1本を、もしゃもしゃに丸めておでこに貼る。

6 ツノや顔のパーツを貼る

❶ 色画用紙の上に、うすい紙に写した型紙とセロハンを重ねる。ボールペンでりんかく線をなぞる。

❷ 色画用紙についたボールペンのあとをはさみで切る。
★ツノは細く切った茶の画用紙を貼って、しまをつけておく。

❸ ツノのオモテの下にボンドをつけ、本体頭の内側に貼る。

❹ 各パーツをバランスよく貼り、サインペンなどで目を描く。
★目は色画用紙でもOK！

7 細く切った折り紙で足をつける

❶ 折り紙を2×17.5cmに2枚切り、端を直角に合わせて貼る。
★ウラ同士を貼り合わせる。

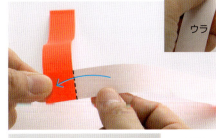

❷ 交互に折り重ねて、ジャバラにする。

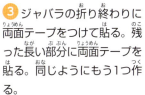

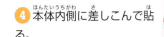

❸ ジャバラの折り終わりに両面テープをつけて貼る。残った長い部分に両面テープを貼る。同じようにもう1つ作る。

❹ 本体内側に差しこんで貼る。

実物大型紙 うすい紙を重ねりんかく線を写す。

青オニ

赤オニ
緑オニ

いろんな顔を作ってみよう！

できあがり

Seasonal handicrafts for Kids 11

ボタンで作る クリスマスカード

白いボタンを2つ並べて、スノーマン（雪だるま）の形に。三角形に並べればツリーの形にも。スノーフレーク（雪の結晶）を飾って、カードを作ろう！

12　Seasonal handicrafts for Kids

design：Yasuko Endo

用意するもの

- 細ひも（0.5mm・茶）4cm
- ボタン（白）直径2cm 2個
- 速乾ボンド
- メタリックペン（シルバー）
- カード用紙（青）10×15cm
- スノーフレークのスパングル（10～15mm 金・銀・白）5～7枚
- フェルト こいピンク（116）3×8cm
- ピンセット
- 工作用はさみ
- 布用はさみ
- じょうぎ

※フェルト：サンフェルト・ミニー厚さ1mm。（00）は色番号。

- スノーマンのカード1枚が作れる材料だよ
- アレンジ作品の型紙や作り方はP.15を見てね!!
- ★ボタンは、穴を目やボタンに見立てるため、ふたつ穴を使うよ。
- ★大小サイズが違うものを組み合わせてもカワイイ！

季節のマメ知識
雪の結晶

気温が低くて湿度が高いなどの条件がそろうと、雪の結晶を観測することができます。六角形をした美しい結晶は、冬を象徴するモチーフとして親しまれ、洋服や手芸材料などさまざまなデザインに広く使われています。

ちょっとアレンジ ひと工夫
ツリーのカード

スパングルがないときは
★クラフトパンチで銀紙・金紙をぬいたり、転写シールを貼ってもカワイイよ！

プランター

★6×2.4cmの色画用紙を5mm幅で、じゃばらに折る。

- 谷折り
- 山折り

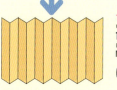

冬 雪の結晶：SIB／PIXTA

Start! スノーマンのカードの作り方

1 カードにボタンを貼る

① ボタンのオモテにボンドをつけ、ウラを上にしてカードに貼る。

★ボタンの穴を、目や胸のボタンにするので、穴の向きに注意して！

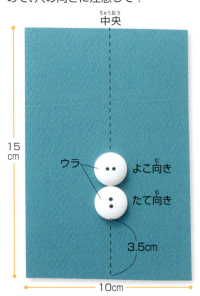

2 マフラーと帽子を作る

① 型紙を作る。うすい紙を重ねて線を写し、切る。

実物大型紙 帽子2枚

② フェルトに型紙を重ねてりんかく線を写し、はさみで切る。細ひもは4cmに切る。

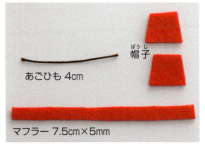
あごひも 4cm / 帽子 / マフラー 7.5cm×5mm

② マフラー用のフェルトを、ひと結びする。

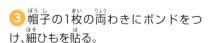

③ 帽子の1枚の両わきにボンドをつけ、細ひもを貼る。

★細かいパーツを貼るときは、ピンセットを使うと作業しやすいよ。

④ もう1枚の帽子全体にボンドをつけ、細ひもをはさむように貼り合わせる。

⑤ マフラーの結び目のウラにボンドをつけ、ボタンの間に貼る。帽子は頭の上に少しかたむけて貼る。

4 雪もようとメッセージを書く

空にメタリックペンで雪のもようを、下にメッセージを書く。

5 スパングルを貼る

バランスを見ながら、空にボンドでスパングルを貼る。

Seasonal handicraft for Kids

ちょっとアレンジ オーナメント　ひと工夫

1. 厚紙にボタン2個をスノーマンの形になるようにのせる。えんぴつでりんかくを写して切る。
2. 厚紙の下半分にボンドをつけ、フェルト(白)に貼る。厚紙に合わせてフェルトを切る。
3. 厚紙の上半分にボンドをつけ、つりひもをはさんで貼る。
4. ボタンのウラにボンドをつけ、厚紙面の頭に貼る。
5. フェルト(黒)を帽子の形に2枚切り、頭をはさんで貼り合わせる。
6. 胴のボタンを貼り、マフラー用のフェルト(赤・6.5cm×5mm)をひと結びし、頭と胴の間に貼る。

好きなパーツでアレンジ！

実物大型紙

帽子 2枚
帽子 2枚
ちょうネクタイ

ボタン・アクセサリー　ひと工夫

シンプルなボタンでも形をそろえたりいろいろな色を使うとアレンジが楽しいよ！

ツリーのチャーム

1. 糸を半分に折り、茶のボタンの穴2つにそれぞれに通す。
2. 緑のボタンを大きい順から通して、最後に足つきボタンを通して、ひと結びする。
3. 糸端の長さをそろえて結び、輪を作る。

- ボタン穴に通る丈夫な糸(ロウ引きコードなど)約40cm
- 星形足つきボタン 黄 直径約1.2cm 1個
- 平丸ボタン 緑系 直径8mm〜3cm 9〜10個
- 平丸ボタン 直径1.5cm 茶 4〜5個
- 糸中央の折り目

お花のヘアゴム

- フェルト 直径約3cm
- 平丸ボタン 直径約1cm 6個
- 平丸ボタン オレンジ 直径約3cm 1個
- 花形ボタン 緑 直径約1.2cm 1個
- 台座つきヘアゴム 直径約2〜3cm 1個

1. ボタン6個で円を作り、丸く切ったフェルトに貼る。★ボタンのウラを上にする。
2. 中心に、大→中→小の順でボタンを貼る。
3. ヘアゴムの台座にボンドをつけ、ウラ面のフェルトに強力ボンドで貼る。

カラフル・ブレスレット

- ボタンの直径分
- 4つ穴ボタン 好みの色 直径1〜1.5cm 約10個
- ボタン穴に通る丈夫な糸(ロウ引きコードなど)約50cm

1. 糸を半分に折り、ひと結びして輪を作る。
2. 好みの順番で糸を通していく。
3. とめパーツになる最後のボタンは、少しはなして前後に結び目を作る。
3. 結び目から1cmでそれぞれ結び、余分な糸を切る。

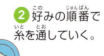

ながーく作れば、ベルトになるよ！

Seasonal handicraft for Kids　15

★切る+貼る+道具で作るもの★ Handicrafts

4 中級

ねんどスイーツで作る カップケーキのピンクッション

果物やクリームそっくりに作ったねんどで針の頭を包んだ、かわいいまち針。綿をつめたフェルトに飾ればカップケーキみたいなピンクッションが完成！

いろんなカップケーキのピンクッションを作ろう！

● ピンクッション
ぬい針やまち針を刺しておく針刺しのことで、手芸をする際に使われます。綿をつめた布でできていて、スイーツのようなかわいいデザインもいっぱい！

16　Seasonal handicrafts for Kids

design：Takako Koizumi

用意するもの

ねんどは袋を開けたら、空気にふれないように保存してね！着色したねんどは、ラップフィルムにくるんで、ビニール袋に。すぐに使う場合は、ぬらしたキッチンペーパーにくるんでおくと、乾かないよ。

- 手芸用綿
- フェルト　茶(225) 20×20cm
- まち針
- 細ひも
- はさみ
- クリアホルダー
- アクリル絵の具　赤／ピンク／黄
- つまようじ
- 強力ボンド
- 軽量ねんど
- つや出し水性ニス
- ホイップねんど
- ラップフィルム

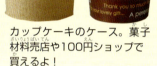

カップケーキのケース。菓子材料売店や100円ショップで買えるよ！

※フェルト：サンフェルト・ミニー厚さ1mm。(00)は色番号。
※細ひもとピンクと黄の絵の具はアレンジで使うよ！

Start! ピンクッションの作り方

1 フェルトを切る

フェルトを型紙に合わせてはさみで切り、周囲にボンドをつける。約10〜20秒ほどそのままおく。
★型紙は巻末参照。

2 周囲をつまんでふくろ状にする

ボンドが少し乾いたら、円形のフェルトの周囲を、1cmくらいずつつまんでひだをたくさん作り、ふくろ状にする。

3 綿をつめて、カップに入れる

① 中に綿をつめ、入れ口を手でしぼってすぼめ、正方形のフェルトのウラにボンドをつけて貼り、フタをする。

しばらく乾かす。

② カップケーキ型につめて、ピンクッションのできあがり。

vector cupcakes set : irska / PIXTA

Seasonal handicrafts for Kids　17

Start! カップケーキのトッピング（飾り）の作り方

1 ねんどに色をつける

① 軽量ねんどを約10g取り、アクリル絵の具（赤）を1〜2滴ずつつける。

全体が、ムラなくピンク色になるまで混ぜてね！

② 絵の具にかぶせるようにねんどを折りたたみ、親指でしっかりもむ。

2 飾りのいちごを作る

① 着色したねんどを直径1.8cmの玉に丸める。

② つまようじを刺して持ち、先端を指先でつまんでとがらせる。

③ つまようじの先をななめにおし当て、つぶつぶもようをつける。

④ 全体をアクリル絵の具（赤）で着色し、乾かす。

⑤ つや出し水性ニスをぬり、よく乾かす。乾いたらつまようじをはずす。

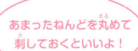

あまったねんどを丸めて刺しておくといいよ！

3 飾りのいちごをのせたホイップクリームを作る

① ホイップねんどをしぼりぶくろにつめる（しぼり口のある容器に入っているものは、そのまま使う）。クリアホルダーに、直径2.5cmくらいのうずまきを描くように、しぼり出す。

② 中心まで来たらしぼるのをやめ、真上に持ち上げて自然に切る。

③ 乾く前に、2のいちごをのせる。

ピンクッションのまん中に飾るよ！

18　Seasonal handicraft for Kids

4 ホイップクリームのまち針を5本作る

1 ねんどがつかないように、ピンクッションをラップフィルムでくるみ、まち針を刺す。

2 まち針の頭を中心にして、うずまきを描くように、ホイップを絞り出す。

3 中心まで来たら、真上に持ち上げて自然に切る。

4 しっかり乾燥させる。

5 いちごのまち針を5本作る

まち針にねんどをつけ、先端を指でつまんでとがらせる。2と同じようにつまようじでつぶつぶをつけて着色し、ニスをぬる。

いちご（5本）

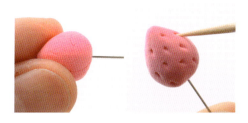

クリームといちごのまち針を交互に刺すよ！

できあがり

ちょっとアレンジ ひと工夫
さくらんぼとベリーのトッピング

ベリー（5本）

着色したねんどを直径8～10mmの玉に丸める。まち針を差しこみ、すき間をうめる（絵の具で着色し、乾いたらニスをぬる）。

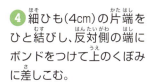

1 着色したねんどを直径1.5cmの玉に丸める。

2 つまようじで、上の中央にくぼみをつけ、さらに先端をななめに当ててクルクル回しながら周囲をならす。下も同じようにくぼみをつける。

3 下のくぼみにつまようじを刺して持ち、アクリル絵の具（赤）で着色する。乾いたらつや出しニスをぬる。
★ピンクや黄を混ぜてもきれい！

4 細ひも（4cm）の片端をひと結びし、反対側の端にボンドをつけて上のくぼみに差しこむ。

Seasonal handicrafts for Kids　19

ポンポンで作る干支の正月飾り

5 中級 ★切る+貼る+道具で作るもの Handicrafts

2色の毛糸をまいたりフェルトでもようをつけたり。ちょこっとアレンジで12種の動物に変身します。しめ縄やかがみもちと飾ってもかわいい。

子(鼠) 丑(牛) 寅(虎) 卯(兎)
辰(竜) 巳(蛇) 午(馬) 未(羊)
申(猿) 酉(鶏) 戌(犬) 亥(猪)

戌と巳以外のアレンジと型紙はP.34にあるよ！

季節のマメ知識

十二支 12の動物を年ごとにあてはめたこよみの数え方で「えと」ともいいます。古代中国で始まりました。

20 Seasonal handicrafts for Kids design:Kazue Ohtake

用意するもの

材料は水色の戌（犛）1つ分の分量だよ！

厚紙をまいて作る方法もありますが、市販のポンポンメーカーを使うと、よりきれいな形のポンポンが作れます。大きさを変えても楽しめます。

★小さなはさみだとポンポンをきれいにカットできるよ！

- 毛糸30g サックス(54)
- スーパーポンポンメーカー（65mm）
- ぬいぐるみ用差し目 直径5mm1組
- 手芸用ボンド
- 布用はさみ
- フェルト 青(10) 4×4cm
- チャコペン

※道具：クロバー・スーパーポンポンメーカー。カットワークはさみ。
毛糸：オリムパス・ミルキーキッズ（合太）。並太毛糸でもOK。
フェルト：サンフェルト・イタリアンカラー。(00)は色番号。

用具の使い方や素材のあつかい方は商品の説明書を見てね

Start! 「戌」の作り方

1 ポンポンメーカーのアームに毛糸をまく

毛糸玉の内側と外側から、それぞれ糸端を引き出して、2本の端をそろえて持つ。
★毛糸は2本どりでまいていく。1本でまくより早くまけるよ！

❶ ポンポンメーカーの2本のアームをそろえて持つ。水色糸の糸端を指でおさえ、アームの内側の端からまいていく。

❷ すき間ができないように、まいた糸を左側によせ、アームを往復してまいていく。
★毛糸が1か所にかたよらないように、均等にまく。

❸ 計120回まいたら糸を切り、最後の1まきに端をくぐらせてとめ、アームをとじる。

❹ 反対側のアームにも、同じようにまく。

水色120回／ポンポンメーカー65mm／水色120回

Seasonal handicrafts for Kids

2 すき間のみぞにそって毛糸を切り、中心を結ぶ

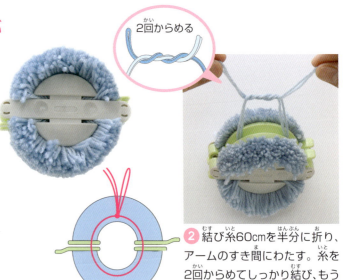

① アームのすき間のみぞにはさみを入れ、毛糸を切る。反対側のアームの毛糸も、同じように切る。
★たくさんまいた毛糸を切るときは、力がいるので、少しずつ切る。

② 結び糸60cmを半分に折り、アームのすき間にわたす。糸を2回からめてしっかり結び、もう1回結ぶ。

2回からめる

3 アームを開いて、ポンポンメーカーからはずす

① アームを片側ずつそっと開く。反対側も同じように開く。

② ポンポンメーカーを矢印の方向に引っぱってはずす。

③ 手のひらでころがして、毛足を整える。

4 はさみで切って、形を整える

小さなはさみだと切りやすい!

① はみ出た毛糸をはさみで切り、直径約6cmの玉になるように、切りそろえる。

② 結び糸を持ち、底になる部分を平らに切る。切ったら結び糸をほかと同じ長さに切る。
★おいてみて、コロコロころがらなければOK!

点線部分を平らに切る
底
結び糸を持って切る

22　Seasonal handicrafts for Kids

5 フェルトで耳・鼻と口・しっぽをつけ、差し目をつける

鼻と口　耳　耳　しっぽ

① 型紙をフェルトに重ね、チャコペンでりんかくをなぞって写す。はさみで切り取る。

② 耳・目・鼻の位置を決める。耳つけ位置の毛糸をかき分けてボンドを少し多めにつけて、耳を差しこむ。

お飾りにつるしたり、玄関や床の間に飾ってね！

③ 鼻にボンドをつけて貼り、差し目は耳と同じように差しこんで貼る。

④ 後ろ側に、しっぽをたてにして差しこみ、貼る。

できあがり

鼻と口　しっぽ　耳 2枚

実物大型紙
うすい紙を重ねて、りんかく線を写す。

ちょっとアレンジ
三つ編みおざぶで「巳」に変身

ひと工夫

① 戌の1〜4を参照して黄緑色の糸でポンポンを作る。

※毛糸はオリムパス・ミルキーキッズ黄緑(55) 40g。フェルトはサンフェルト・ミニー黄(383)

② 毛糸12本を140cmに切りそろえる。中央を別糸で束ね、半分に折ってクリップで固定する(毛糸が24本になる)。8本ずつに分けて、三つ編みする。

同色の別糸で結んでボンドで固める

③ 三つ編みにボンドをつけ、結び糸側から平らにまいていく。

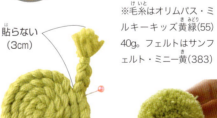
貼らない(3cm)

★まき終わりをまち針でとめて乾かす。

にょろ〜ん

④ 三つ編みの中心にボンドをつけ、ポンポンを貼る。戌と同じように、差し目と舌を差しこんで貼る。
★ほかのアレンジ＆型紙はP.34にあるよ！

ちりめんで作る つまみ細工の髪飾り

かんざしなどに使われるつまみ細工は、江戸時代から続く伝統工芸のひとつ。
正方形に切った布をたたんでつまみ、花の形にして、ヘアピンに仕上げよう。

季節のマメ知識

お正月

年の初めにはそれぞれの家に新しい年の神様(年神様)が降りてくるとされ、門松やしめ飾り、鏡もちを飾ったり、お節を作ったりしてお迎えします。

24　Seasonal handicrafts for Kids　　　design：Yasuko Endo

用意するもの

★ちりめん布がない場合、綿（コットン）でも作れるよ。
★ボンドは用途に合わせ、布は布用ボンド、ビーズやヘアピンは強力ボンドを使う。クリアファイルにボンドを出し、使用部分につまようじで少量ずつ接着してね。
★ボンドで貼りつけたら動かさずにしっかり乾かそう。

ちりめん布（無地）20cm角
ちりめん布（しぼり柄）10cm角
土台つきヘアピン（クリップ式）
花形ビーズ
布切りはさみ
紙切りはさみ
じょうぎ
ピンセット
布用ボンド
強力ボンド
シャープペンシル
厚紙（土台用）20cm角
クリアファイル
アイロン

※洗たくばさみ、つまようじも用意しよう

Start! つまみ細工の髪飾りの作り方

きれいな正方形になるように、ていねいに切ってね！

1 布を切る

① ちりめん布はでこぼこがあって切りにくいので、厚紙で型紙を作ろう。
② 布の上に型紙をおき、シャープペンシルでまわりに印をつけて切る。
③ 4cm角に切った布8枚をアイロンで整える。

花びらは無地7枚
台布
しぼり布 1枚

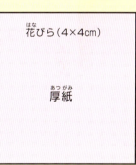

実物大型紙
100%（原寸）でコピーし、一番外側の太い線で切る。

花びら（4×4cm）
厚紙

台布（5×5cm）
台布用の厚紙

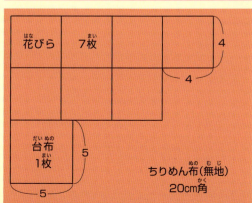

花びら、台布（20cm角）の裁ち方図
花びら 7枚
台布 1枚
ちりめん布（無地）20cm角

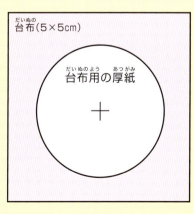

花びら 1枚
ちりめん布（しぼり柄）10cm角

Seasonal handicrafts for Kids

1 花びらを折る

分かりやすいように別の色の布で作っているよ

① 対角線上の角を合わせて三角形に折る。

② 三角形の頭頂部（直角）を、ピンセットの先ではさむ。

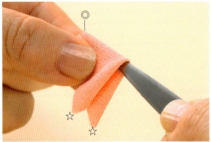

③ 左右の角を指先で折る。①の三角形の半分になる。

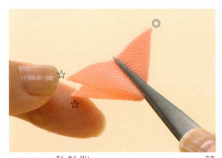

④ ③の三角形をピンセットでつまみ直す。☆印の間に指を入れて開く。

⑤ ☆印と☆印の間に指先を入れて、左右に開いて上に折りあげる。

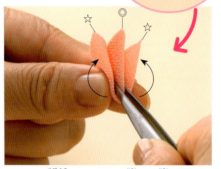

しっかり指先ではさみ、◎印を☆印のひだがはさむような形になる。

⑥ 3か所のひだの折り山をきれいに整える。

⑦ ⑥を反対に持ちかえて中央を上にする。

⑧ ⑦をひっくり返して、写真のように底の部分を洗たくばさみではさむ。

⑨ 底の部分の先端に、つまようじでボンドをつける。底を上にしたまま乾かす。

ボンドで接着した部分

⑩ 布用ボンドが乾いたら洗たくばさみをはずして指先ではさむ。

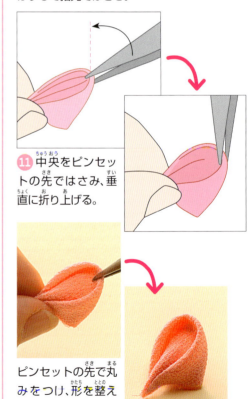

⑪ 中央をピンセットの先ではさみ、垂直に折り上げる。

ピンセットの先で丸みをつけ、形を整える。

⑫ 写真のように、中央がくぼんだような形になる。他の7枚の花びらも同様に作る。

2 台布に厚紙を貼る

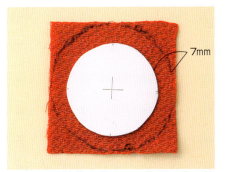

① P.25の型紙に合わせた台布の真ん中に、円形に切った台布用厚紙をのせる。厚紙から7mm外側にシャープペンシルで線を描き、線にそって切る。

② 台布用厚紙のふちに布用ボンドをつけ、ピンセットでていねいに貼る。ボンドが乾くまでおいておく。

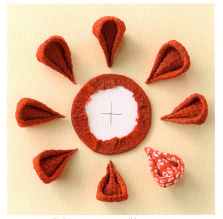

③ ②の台布のまわりに花びらをおいてみる。花びらの形のバランスをみて位置を決める。

3 台布に花びらをつける

① クリアファイルに布用ボンドをつける。ピンセットで花びらをはさみ、下側部分にボンドを均一につける。

② 厚紙の中心の十字を目安に花びらをおき、ピンセットの先で押さえる。

③ 花びら4枚を十字に接着する。その間に花びらを加えていく。

④ 8枚めは、しぼり柄を接着する。布用ボンドが乾くまでしばらく待つ。

4 ビーズとヘアピンをつける

① 花形ビーズのウラに強力ボンドをつけ、花の土台のオモテの中心におき、ピンセットの先で押さえて固定させる。

② 土台つきのヘアピンの土台の、オモテ面に強力ボンド(金属製品やガラス製品用ボンド)をつける。

③ ②を花の土台のウラの中心にのせ、ずれないように押して固定させる。

できあがり

直径約4.5cmの髪飾りができた。とめ具を変えるとブローチやネックレストップにも。

Seasonal handicrafts for Kids 27

ビーズ編みで作る カラフルアクセサリー

7 上級

かぎ針編みのきほんの「くさり編み」だけで作るアクセサリー。この編み方ができればいろいろな作品に挑戦できるので、がんばっておぼえてね！

● ビーズ編みとは

必要な数のビーズをあらかじめ糸に通してから、かぎ針やレース針で編んでいく編みもの。同じ糸を使っても、ビーズの種類や色合いの組み合わせで、いろいろな作品が作れます。

design：Kuma Imamura

用意するもの

直径6〜8mmのチェコビーズ・パール
特大ビーズ(4mm)など

かぎ針 5/0号
持ちやすいグリップつきがオススメ！

ボンド
星型パーツ　チャーム
はさみ
ロウびきナイロンコード(茶)
太さ0.7mm・長さ4m×3本
じょうぎ

ビーズの大きさや数についてはP.30・33を見てね

★ロウびきコードがない場合は、レース糸や毛糸などでも代用できるよ！使う糸にビーズが通るかどうか確かめてね。

写真の材料で A〜C のネックレスが作れるよ！

A
B
C

レース糸なら編みやすくてビギナーにもおすすめ！
写真はレース糸：オリムパス・エミーグランデ〈ハウス〉使用

アレンジ

★並太毛糸とかぎ針5/0号を使用。

毛糸＋ビーズでふんわりブレスレット

❶ 毛糸に直径4〜8cmのビーズ(特大・チェコ・ガラスカット・パールなど)20個を通し、最後にとめパーツ(約2cmのチャーム)を通す。

❷ 作り目(P.31 **3**)→チャームを寄せてくさり編み(P.32 **5**)→【くさり4目→ビーズを寄せてくさり編み】をくり返す。

❸ くさり20目を編み、くさり部分を折って結び、とめパーツが通る輪を作る。

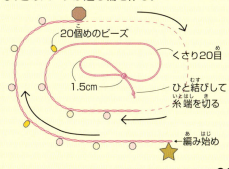

20個めのビーズ
くさり20目
1.5cm
ひと結びして糸端を切る
編み始め

Seasonal handicrafts for Kids

Start! ビーズ編みネックレス B の作り方

> 編む前にビーズを糸に通しておくよ

1 糸にビーズを通す

① 糸端5cmにボンドをつけてのばし、細くまっすぐに固める。

② 下の写真を参考に、編み終わりのビーズから糸に通していく。

ビーズを通す順番

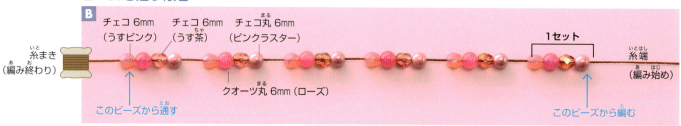

B　チェコ 6mm（うすピンク）　チェコ 6mm（うす茶）　チェコ丸 6mm（ピンクラスター）　1セット

糸まき（編み終わり）　クオーツ丸 6mm（ローズ）　糸端（編み始め）

このビーズから通す　　このビーズから編む

4個を1セットとして、計6セット（24個）のビーズを通す。　★通し終わったら、ボンドで固めた糸端を切り落とす。

2 左手に糸をかけて、右手にかぎ針を持つ

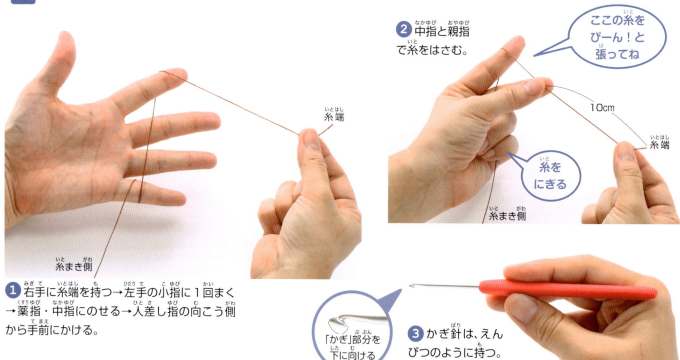

① 右手に糸端を持つ→左手の小指に1回まく→薬指・中指にのせる→人差し指の向こう側から手前にかける。

② 中指と親指で糸をはさむ。

> ここの糸をぴーん！と張ってね

10cm　糸端　糸をにぎる　糸まき側

③ かぎ針は、えんぴつのように持つ。

「かぎ」部分を下に向ける

3 作り目…編み始めの目を作る

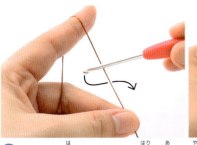
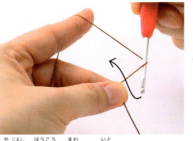
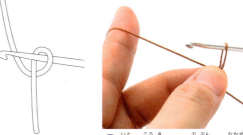

① ぴん！と張ったところに針を当て、矢印の方向に回して糸をかける。

② 糸が交差した部分を、中指と親指ではさんで持つ。

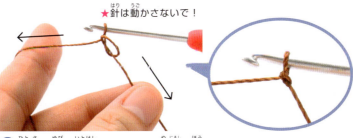

③ 針に糸をかけ、針にかかっている輪の中から引き出す。

④ 人差し指と糸端を、それぞれ矢印の方向に引き、できた目を引きしめる。

★針は動かさないで！

4 くさり編みを編む

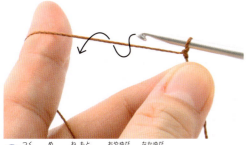

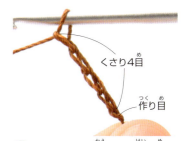

① 作り目の根元を、親指と中指でしっかりはさみ、矢印のように針に糸をかける。

② 針にかかった作り目から、針先にかけた糸を引き出す。これでくさり1目が完成。

③ ①・②をくり返して、計4目のくさりを編む。

くさり4目
作り目

作り目

糸端
糸玉（糸まき）

交差するところを親指と人差し指でおさえる

引きしめる

きほんのくさり編み

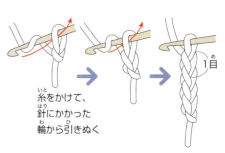

糸をかけて、針にかかった輪から引きぬく

1目

Seasonal handicraft for Kids

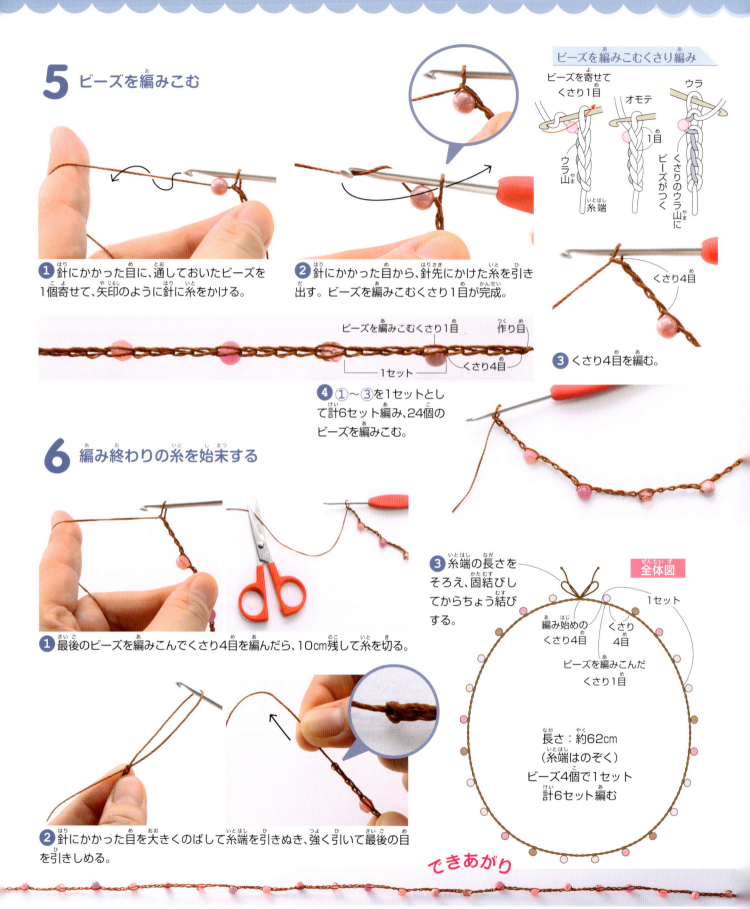

ちょっとアレンジ **ひと工夫**

ビーズ・パーツと長さを変えて

ビーズやパーツの間のくさり編みの目数を変えても長さが変わるよ！

A ビーズを通す順番

特大ビーズ 4mm
（こい赤）（赤）
丸大ビーズ
（白）（ピンク）（オレンジ）
糸端
（編み始め）

糸まき
（編み終わり）

このビーズから通す
星形チャーム（金）
4mm
このビーズから編む

★チャームを中央に、白の丸大ビーズをアクセントにして左右対称に通す。

A 全体図

好きな長さにして、首につけるときにちょう結びする

長さ：約83cm
（糸端はのぞく）

C 全体図

糸端同士を固結びしてからちょう結び

くさり18目　くさり18目

くさり4目

ビーズ・パーツを編みこんだくさり1目

長さ：約76cm
（糸端はのぞく）

C ビーズを通す順番

ガラスカット6mm
（ピンク）
パール
6mm
星形チャーム
（金）
糸端
（編み始め）

糸まき
（編み終わり）

このビーズから通す
ネコ形チャーム
（白）
このビーズから編む

★チャームを中央に、左右対称に通す。

★作品はすべて、かぎ針5/0号を使用。糸の太さによって、くさりの編みあがりがちがうので、いろいろためしてね！

D 糸：ロウ引きナイロンコード
（ローズピンク）0.7mm
ビーズ・チャーム：Aと同じ
E 糸：オリムパス エミーグランデ
〈ハウス〉ピンク（H16）
ビーズ：Aと同じ
チャーム：りんご（赤）2×2.5cm

A
B
C
D
E

Seasonal handicraft for Kids　33

アレンジ&型紙

十二支をそろえよう！
P.20 ポンポンで作る 干支の正月飾り　実物大型紙

※毛糸：オリムパス　Kはミルキーキッズ　Bはミルキーベイビー　(00)は色番号。合太・並太毛糸でもOK
※フェルト：サンフェルト　iはイタリアンカラー　Aはアメリカンカントリー　無印はミニー　(00)は色番号
※目はすべてぬいぐるみ用差し目（直径5mm）。好みの色を使用

子
●毛糸 並太毛糸 グレー 30g
鼻 ブルーグレー(770)
こいグレー 3本を結び 鼻を重ねる
耳2枚 グレー(MB) ボンドをつけて折る
しっぽ グレー 40cm 3本で三つ編み 12cm 1cm

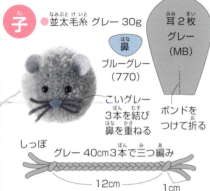

丑
●毛糸 Kこいグレー(62) 5g　K白(51) 25g
こいグレー(770) 白(701) 耳 各1枚
ボンドをつけて折る
20cm こいグレー2本 白4本で三つ編み
まく回数 20 20 20 40 65mm 2本どり 240
ツノ グレー(771) 各2枚
鼻 ピンク(110)

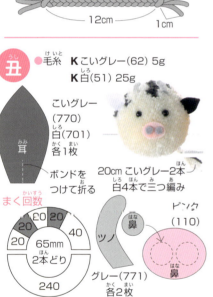

寅
●毛糸 K黄(53) 30g　K茶(60) 25cm
耳 黄(334) 2枚
ボンドをつけて折る
各1枚 もよう 茶(i08) 4枚
口 うすい黄(304)
鼻 オレンジ(370)
20cm 黄4本・茶2本で三つ編み

卯
●毛糸 Kピンク(57) 30g
鼻口 赤(139)
内耳 ピンク(301)
外耳 こいピンク(102)
ボンドをつけて折る

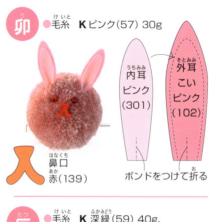

辰
●毛糸 K深緑(59) 40g、K黄緑(55) 40cm
鼻 緑(i03)
鼻の下にはさむ
3本をひと結び
巳と同じように三つ編み
ツノ 緑(i03) 左右対称で2枚

午
●毛糸 Kこげ茶(60) 30g
鼻すじ ハニーイエロー(A C400) 2枚
耳 茶(i08) 2枚
鼻 茶(i08)
ボンドをつけて折る
たてがみ 茶(i08) 半分に折る
細く切りこみ 5mm
毛糸に差しこんでボンドで貼る

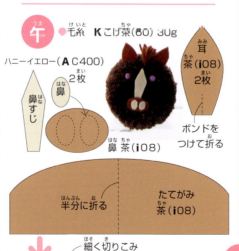

未
●毛糸 Bベージュ(15) 30g
目打ちで穴を開ける
ツノ ハニーイエロー(A C400) 1×14cm ボンド 2枚重ねてまく 1×10cm
顔 ハニーイエロー(A C400)
鼻口 茶(i08)

申
●毛糸 Kオレンジ(56) 30g
鼻 口 茶(i08)
外耳 茶(i08)
内耳 黄(i01)
目打ちで穴を開ける
顔 黄(i01)

酉
●毛糸 K白(51) 30g
とさか 赤(139)
くちばし 黄(i01)
肉だれ 赤(139)
羽 白(701) 2枚

亥
●毛糸 Kこげ茶(60) 30g
ハニーイエロー(A C400) キバ 2枚
耳 茶(225) 2枚
鼻 茶(i08)
しっぽは20cm 3本で三つ編み

34　Seasonal handicraft for Kids

8 上級 切る+貼る+ぬう・編むで作るもの Handicrafts

紙刺しゅうで作る
カード&オーナメント

紙に目打ちで穴を開けて、糸でもようを描く紙刺しゅう。マスキングテープと組み合わせて、バレンタインカードやクリスマスオーナメント(飾り)を作ろう。

季節のマメ知識

バレンタイン

もとはキリスト教の司祭・バレンタインの記念日。現在は愛の告白やプレゼントをする日として定着し、日本ではチョコレートを贈る習慣があります。

design:Kumiko Suzuki

Seasonal handicrafts for Kids 35

バレンタインカードの作り方はP.40にあるよ！

Start!

クリスマスオーナメントの作り方

1 図案を写す

❶ コピーした図案のウラを、切り取り線ともようのりんかく線の部分だけ、えんぴつでぬる。

❷ クラフト紙（約10×12cm）に重ねてテープで固定し、切り取り線ともようのりんかく線を、ボールペンでなぞる。

えんぴつのこながついて、図案が写る。
★固定したテープは、はがさないでね！

実物大型紙

うすい紙を重ねてりんかく線を写す

- 刺し始め
- つりひもを通す
- マスキングテープ
- 目打ちで穴を開ける
- ウッドビーズ
- オモテに糸がわたる
- クラフト紙

用意するもの

★穴を開けるときの下じきには、厚手（5mm）のフェルトがおすすめ！うすいフェルトを3枚ほど重ねてもOK！タオルを折りたたんだり、ダンボールでもOK！

★針に糸を通しにくいときは、糸通し器を使おう。

ラベル：
- ウッドビーズ 直径3mm 2個
- 刺しゅう針または手ぬい針（極細毛糸が通る穴の大きさ）
- 極細毛糸または25番刺しゅう糸（6本どり）
- もようつきのクラフト紙
- 紙用はさみ
- インクの出なくなったボールペン
- えんぴつ
- 目打ち
- 手芸用ボンド
- クラフト紙 画用紙くらいの厚さ
- 下じき用フェルト（厚さ約5mm）
- マスキングテープ

---

2 マスキングテープでもようをつける

マスキングテープにもようの部分の図案を写し、はさみで切って貼る。

★下じきやクリアホルダーなど、はがしやすいところにマスキングテープを貼り、1と同じように写してね。

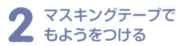

3 刺しゅう用の穴を開ける

図案の点（・）を目打ちで刺し、穴を開ける。全部の穴を開けたら、図案をはずす。

★机がきずつかないように、フェルトを下じきにしてね。

💬 目打ちでケガしないように注意してね！

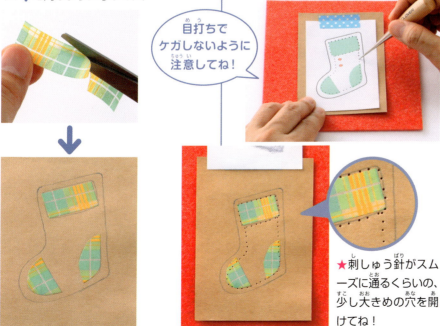

★刺しゅう針がスムーズに通るくらいの、少し大きめの穴を開けてね！

4 刺し始め

❶ 45cmに切った糸を刺しゅう針に通し、紙のウラからオモテに針を出す。

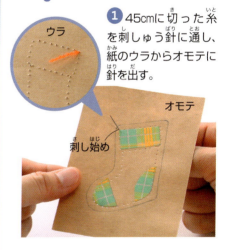

❷ 糸端をテープでとめる。

Seasonal handicrafts for Kids

5 刺しゅうする

❶ 穴の近くをしっかりおさえ、針を穴に通し、刺しゅうしていく。
★紙をすくうのではなく、1針ずつ、なるべく垂直に針を穴に通す。

★糸がふっくらするように、糸を引っぱりすぎないように、注意してね！

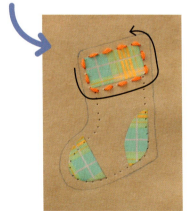

❷ ブーツのはき口のもようを囲むように、刺す。

❸ はき口のもようの刺し終わりから糸をわたし、りんかく線を刺す。
★糸を引っぱりすぎると、カードがゆがんでしまうよ。

テープののりで針がベタベタするときは、こまめにふき取ってね！

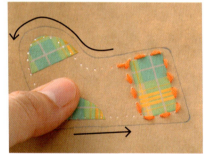

りんかく線を刺し終えたところ。続けてウッドビーズをつけるので、糸は切らない。

6 ウッドビーズをつける

❶ ビーズつけ位置に針を出し、ビーズに針を通して、となりの穴に針を入れる。

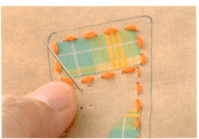

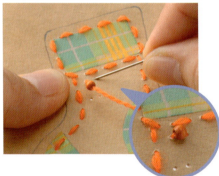

❷ 下の穴にもビーズをつける。

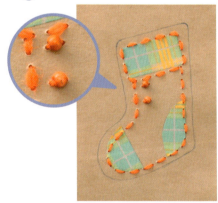

❸ ウラで糸を切り、テープでとめる。

Start! バッグのカードの作り方

1 図案を写し、穴を開ける

① P.40の図案を拡大コピーする。

② P.36 1 を参考に、白画用紙にマスキングテープを貼る部分と、文字の図案を写す。

③ マスキングテープを貼り、ピンクのペンで文字を書く。

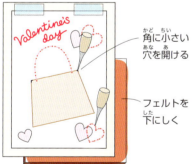

④ 刺しゅうする部分と、バッグを貼る位置に、目打ちで穴を開ける。
★用意した刺しゅう針が、スムーズに通るくらいの大きさの穴を開けてね。

⑤ クラフト紙にバッグの図案を重ねてテープでとめる。刺しゅう位置とボタン位置に穴を開け、りんかく線にそって切る。

⑥ 極細毛糸で刺しゅうをする。

2 ハートと丸を作る

① コピーした図案を切って型紙を作る。

② 色画用紙に型紙をのせ、えんぴつでりんかく線をなぞって写す。

③ 目打ちで刺しゅう用の穴を開け、りんかく線にそって切る。

3 パーツを糸でつなぐ

① 針に80cmに切った極細毛糸（ピンク）を通し、玉結びを作る。
★玉結びは巻末を参照。

② ハートのウラから針を入れる。玉結びをボンドで固め、糸端を短く切る。

③ 穴の近くをしっかりおさえ、1針ずつ刺していく。

4 ①▼を4回くり返して、計24枚のパーツをつなぎ、玉どめする。
★パーツの間は、少しすき間をあけてね！
★糸は切らずに残しておく。

4 バッグに入れて閉じる

★わかりやすく説明するために、写真では刺しゅうをしていないよ。作るときは先に刺しゅうをしてね！

① 3 から続けて、バッグの内側中央に針を入れ、ウラで糸端をテープでとめる。

② 図のようにひもを通し、パーツをつめてふたを閉じる。ボタンをつけて結ぶ。

5 カードに仕立てる

① 白画用紙のカードを12×17cmに切る。ウラ全体にボンドをつけて、クラフト紙（13×18cm）に貼る。

② バッグのウラにボンドをつけ、①のバッグ位置の印に角を合わせて貼る。

③ 角にマスキングテープをななめに貼って飾り、できあがり！

フェルトで作るクリスマスオーナメント

9 上級
切る＋貼る＋ぬう・編むで作るもの Handicrafts

ツリーやリース、窓辺に飾りたいかわいいサンタと小さなツリーたち。
綿を入れたフェルトで本体を作ったらビーズやスパングルではなやかに！

型紙は巻末、使用したフェルトはP.47参照。

42　Seasonal handicrafts for Kids　　design：Yasuko Endo

用意するもの

右の材料は赤いサンタ1体分の分量だよ!

★ボンドは、フェルトに直接つけずに、器に出して竹串でつける。
★アイロンを使うときは、綿のハンカチなどを当ててね!

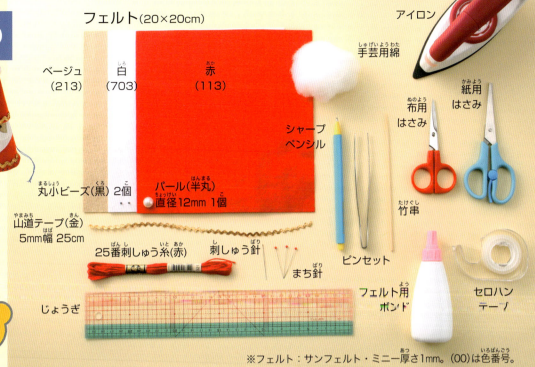

フェルト(20×20cm) ベージュ(213) / 白(703) / 赤(113)
アイロン / 手芸用綿 / シャープペンシル / 布用はさみ / 紙用はさみ / 竹串 / 丸小ビーズ(黒)2個 / パール(半丸)直径12mm 1個 / 山道テープ(金)5mm幅 25cm / 25番刺しゅう糸(赤) / 刺しゅう針 / まち針 / ピンセット / じょうぎ / フェルト用ボンド / セロハンテープ

※フェルト:サンフェルト・ミニー厚さ1mm。(00)は色番号。

季節のマメ知識

クリスマス

12月25日はイエス・キリストが生まれたことをお祝いする日。24日の夜をクリスマス・イヴとよび、こどもたちのもとにプレゼントを持ったサンタクロースがやってくるとされています。

1 型紙を作って、フェルトを切る

うすい紙(トレーシングペーパーやコピー用紙など)を巻末の型紙にのせ、えんぴつでなぞって写す。
★コピー機を使ってもOK!

作る手順

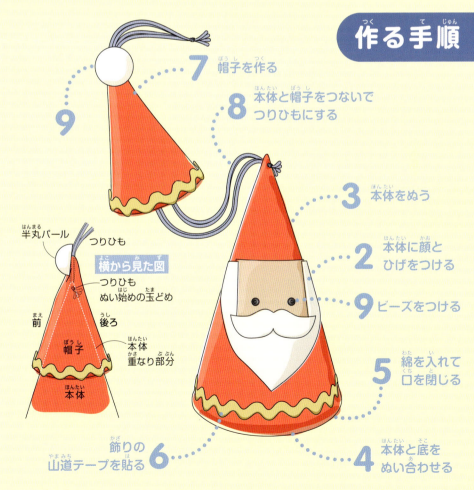

7 帽子を作る
8 本体と帽子をつないでつりひもにする
3 本体をぬう
2 本体に顔とひげをつける
9 ビーズをつける
5 綿を入れて口を閉じる
6 飾りの山道テープを貼る
4 本体と底をぬい合わせる

Seasonal handicrafts for Kids

Start! サンタのオーナメントの作り方

型紙は巻末にあるよ！

1 型紙を作って、フェルトを切る

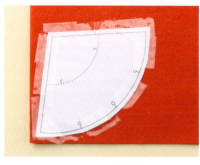

❶ 型紙を作って(P.43を参照)フェルト(赤)にのせ、周りをセロハンテープでしっかりとめる。

❷ 顔つけ位置と底合わせ位置を、型紙の上からシャープペンシルで刺し、合印をつける。

「┌┐」印の角にペン先を刺して穴を開け、点を書く

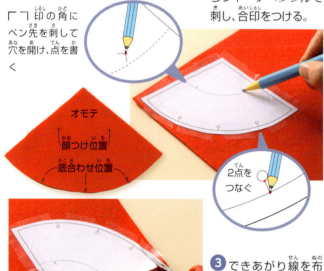

2点をつなぐ

❸ できあがり線を布用はさみで切る。
★他のパーツも同じように切る。

本体(赤) / 帽子(赤) / オモテ / 顔(ベージュ) / 底(赤) ウラ / きほんのあごひげ(白) / 口ひげ(白)

2 本体に顔とひげをつける

ボンドをつける(約3mm) / ウラ

❶ あごひげのウラの顔つけ位置に、竹串でボンドをつける。
★左右の重なり部分(約3mm)にボンドをつける。

貼り合わせ部分 / ウラ / ウラ

❷ 顔をのせ、貼り合わせた部分をしっかり指先でおさえる。

ウラ / オモテ

❸ 口ひげのウラ全体にボンドをつけ、顔のオモテに貼って乾かす。

❹ 顔のウラ全体にボンドをつけて竹串でのばす。本体の顔つけ位置の印に、顔の上の両角を合わせて貼る。

当て布をして、中温のアイロンで約3秒おさえてね！

顔つけ位置 / オモテ

44　Seasonal handicrafts for Kids

💬 ぬい合わせる糸は
フェルトと同じ色を使ってね！
ここでは分かりやすいように
別の色を使ってるよ

3 本体をぬう

❶ 本体の両端を合わせ、まち針でとめる。

❷ 刺しゅう糸（50cm・2本どり）を針に通して玉結びを作り、頭の先のウラから針を入れる。

★刺しゅう糸のあつかい方は巻頭、玉結びは巻末を参照。

玉結びがウラにかくれる
オモテ

❸ 頭の先から底に向かって、まきかがり（巻末を参照）でぬう。

★ぬいどまりは、ウラで玉どめする。

ぬいどまり ← ぬい始め

★玉どめは巻末参照。

💬 続けて底をぬうので糸は切らないでね！

4 本体と底をぬい合わせる

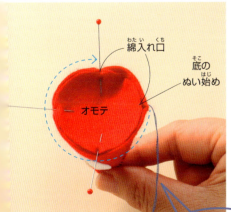

綿入れ口
底のぬい始め
オモテ

❶ 本体の底つけ位置と底の合印を合わせ、印のところを3か所まち針でとめる。

❷ 3から続けて、本体と底をまきかがりでぬいあわせる。綿を入れるために1/4残しておく。

★綿入れ口はぬわない。

💬 綿をつめたら綿入れ口を閉じるので糸は切らないでね！

5 綿を入れて口を閉じる

❶ 綿入れ口から少しずつ綿を入れる。

★綿がかたまってすき間ができないように、指でならしてね。

❷ まきかがりで綿入れ口を閉じ、底で玉どめする。

💬 ボンドで貼ったところがはがれていないか確認してね！

6 飾りの山道テープを貼る

後ろ中央

5mm

後ろ中央で端を少し重ねる

山道テープにボンドをつけ、本体の下にぐるりと貼る。

Seasonal handicrafts for Kids　45

7 帽子を作る

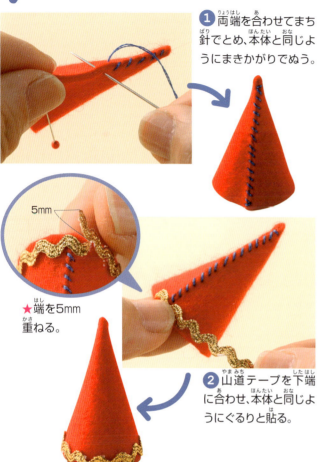

① 両端を合わせてまち針でとめ、本体と同じようにまきかがりでぬう。

★端を5mm重ねる。

② 山道テープを下端に合わせ、本体と同じようにぐるりと貼る。

8 本体と帽子をつないで、つりひもにする

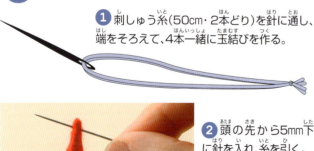

① 刺しゅう糸（50cm・2本どり）を針に通し、端をそろえて、4本一緒に玉結びを作る。

② 頭の先から5mm下に針を入れ、糸を引く。

玉結び

③ 針先を持ち、針穴側を帽子に差しこんで、先端のすき間から出す。

④ 糸を引いて帽子を本体にぴったりかぶせる。

⑤ 糸を切って針をはずし、端をひと結びして、つりひもにする。

後ろ中央

9 ビーズをつける

目　　ポンポン

① 丸小ビーズ（黒）にボンドをつけ、顔に貼る。
★細かいパーツはピンセットを使うと貼りやすい。

② 帽子の先にボンドをつけ、パール（半丸）を貼る。

できあがり

帽子をつりひもでとめるよ

できあがりサイズ
身長9cm

ちょっとアレンジ ひと工夫
ツリーのオーナメント

用意するもの

材料
- フェルト 白(703) 10×10cm
  青(553) 10×15cm
- スパングル 星(金) 1枚
  スノーフレーク(金) 8枚
- パール(半丸)直径4mm 1個
- 25番刺しゅう糸(水色・白)

※用具は、サンタのオーナメントと同じだよ！

使用したフェルト
サンタ
① パープル(663)
② ローズ(116)
③ 紺(538)
④ 青(554)

ツリー
⑤ こい緑(444)
⑥ うすい青(552)
⑦ こい青(569)
⑧ うすい緑(442)

※白(703)は共通

※フェルト：サンフェルト・ミニー厚さ1mm。(00)は色番号。

---

1 型紙を作り、フェルトを切る

① サンタのオーナメントと同じように型紙(巻末参照)を作る。

★ツリーと底の型紙は、サンタと共通。

② 型紙をフェルトに貼り、底の合印を写して、できあがり線を切る。

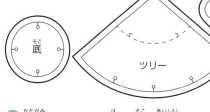

2 ツリーを作る

① サンタの本体と同じように、水色の糸でまきかがりをして、円すい形にぬう。

② 底とツリー本体の合印を合わせ、綿入れ口を残して、まきかがりでぬう。

③ 綿を入れ、綿入れ口をまきかがりで閉じる。

3 雪を作る

① サンタの帽子と同じように、白の糸でまきかがりをしてぬう。

★分かりやすくするために、糸の色を変えているよ！

② ぬいどまりは、内側に針を入れて玉どめし、糸端をぬい目に通して切る。

③ 刺しゅう糸(50cm・2本どり)を針に通し、端をそろえて、4本一緒に玉結びを作る。

④ サンタの8の②〜⑤と同じように、ツリーと雪をつなぎ、残った糸をつりひもにする。

4 スパングルとビーズを貼る

① スノーフレークのスパングルを、雪の部分にボンドで貼る。
★ネイルアート用のシールを貼ってもかわいいよ！

② 先端に星のスパングルを貼り、星の中心に半丸パールを貼る。

できあがり

PROFILE　プロフィール

C･R･Kdesign シーアールケイデザイン

グラフィック＆クラフトデザイナー：北谷千顕・江本薫・今村クマ・遠藤安子・すずきくみ子・吉植のり子・小泉貴子・大竹和恵によるデザインユニット。自由な発想の手づくりアイデアは無限大。企画、作品制作、ブックデザイン、編集、コーディネートまで幅広く活動中！　著書に「ビーズの縁飾りVol.1～3」「麻ひもと天然素材のクラフトBOOK」「ビーズがかわいい刺繍ステッチ1・2」「ネコ暮らしネコ遊び」（共にグラフィック社）、「ビーズを編み込むすてきアクセサリー1・2」（高橋書店）など。海外版も多数。
手芸の展示会やワークショップを開催し、手づくりの楽しみを伝える活動もしている。
http://www.crk-design.com/
ブログ http://crkdesign.blog61.fc2.com/

STAFF　スタッフ

作品デザイン＆作品制作：C･R･Kdesign
（遠藤安子　すずきくみ子　小泉貴子　大竹和恵　今村クマ）
撮影：大滝吉春（studio seek）
スタイリング：C･R･Kdesign
モデル：Sumire Samantha Murai Jones
ヘアメイク：高橋友美絵
HOW TO 編集＆イラスト：
今村クマ　大橋和枝　梶山智子
ディレクション＆ブックデザイン：C･R･Kdesign

道具＆素材協力

● クロバー株式会社　http://www.clover.co.jp/
● オリムパス製絲株式会社　http://www.olympus-thread.com
● サンフェルト株式会社　http://www.sunfelt.co.jp/

著　者　C･R･Kdesign
発行者　内田克幸
編　集　大嶋奈穂
発行所　株式会社　理論社
　　　　〒101-0062　東京都千代田区神田駿河台2-5
　　　　電話　営業 03-6264-8890
　　　　　　　編集 03-6264-8891
　　　　URL　https://www.rironsha.com
2017年9月初版
2022年8月第4刷発行
印刷・製本　図書印刷

©2017 C･R･Kdesign, Printed in Japan
ISBN978-4-652-20205-0　NDC594　A4変型判　27cm　47p

落丁・乱丁本は送料小社負担にてお取替え致します。本書の無断複製（コピー・スキャン、デジタル化等）は著作権法の例外を除き禁じられています。私的利用を目的とする場合でも、代行業者等の第三者に依頼してスキャンやデジタル化することは認められておりません。

P.16 ねんどで作る カップケーキのピンクッション

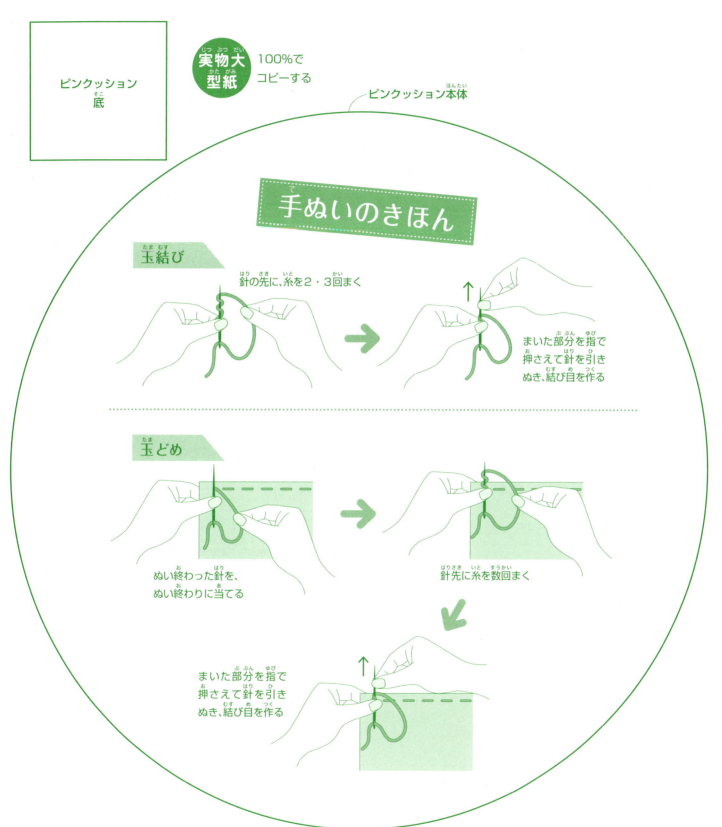

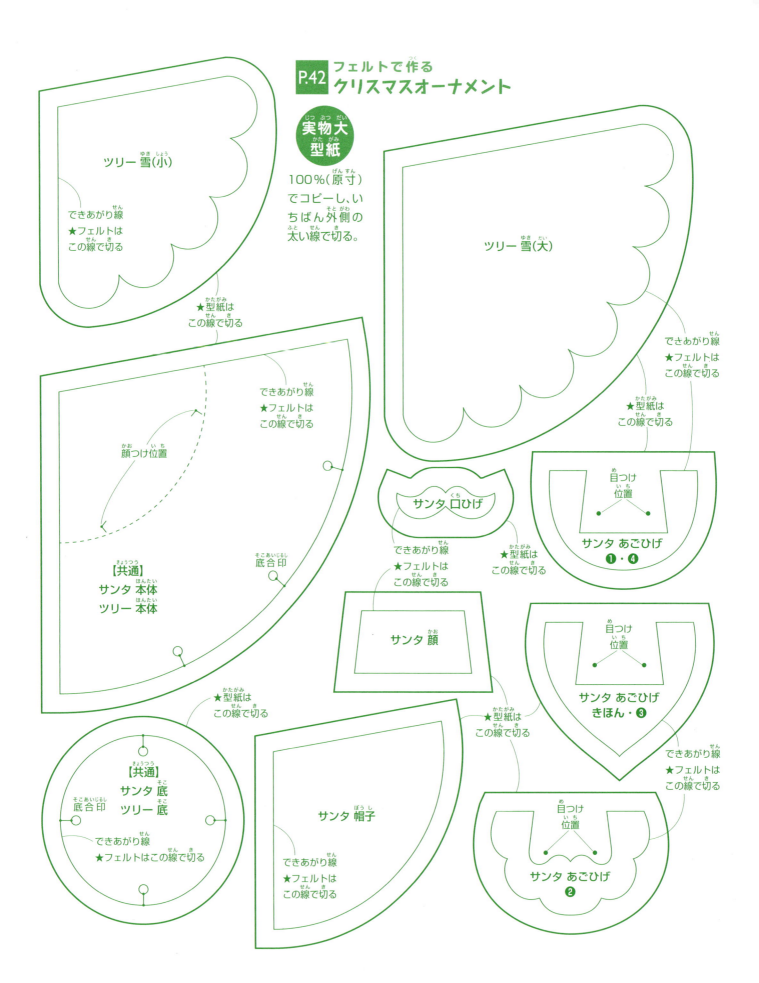